Invirtiendo en Máximos Históricos

Estrategia Ganadora que Logró un Rendimiento de 5.79 % Mensual en Dólares

Lic. Enrique Van Oppen
VoxFama.com

Invirtiendo en Máximos Históricos: Estrategia Ganadora que Logró un Rendimiento de 5.79 % Mensual en Dólares

Derechos de autor

© 2024 Enrique Van Oppen - VoxFama.com - Todos los derechos reservados

Este libro, Invirtiendo en Máximos Históricos: Estrategia Ganadora que Logró un Rendimiento de 5.79 % Mensual en Dólares, es material protegido por derechos de autor. Reservados todos los derechos. Ninguna parte de este libro puede reproducirse ni transmitirse de ninguna forma ni por ningún medio, electrónico o mecánico, incluidas fotocopias, grabaciones o cualquier sistema de almacenamiento y recuperación de información, sin el permiso por escrito del autor/editor.

Excepciones:

Se pueden permitir citas breves con fines de revisión sin permiso previo por escrito, siempre que el material citado esté debidamente atribuido.

Se puede permitir el uso educativo no comercial según los términos de uso justo.

Para solicitudes de permiso:
Por favor contacte a Enrique Van Oppen en vanzorgames@gmail.com

Descargo de responsabilidad:

La información contenida en este libro tiene únicamente fines informativos y no pretende sustituir el asesoramiento profesional. Si bien se han tomado todas las precauciones razonables para garantizar la exactitud de la información contenida en este documento, el autor/editor no asume ninguna responsabilidad por errores u omisiones.

Tabla de contenido

Derechos de autor 2

Análisis de la estrategia de inversión basada en máximos históricos ("all time highs") 6

    Introducción 6

    Atractivo inicial: 6

    Riesgos asociados: 6

    Consideraciones adicionales: 7

Estrategia y conformación del portafolio 9

    Acciones analizadas 9

    Método de Optimización elegido 10

Resultado de la Optimización 12

    Rentabilidad 15

    Medidas de riesgo basadas en los rendimientos ... 15

    Medidas de riesgo basadas en las caídas 15

Interpretación y Análisis de los resultados 17

    Análisis de los resultados 17

    Interpretación de las ratios de rentabilidad-riesgo ... 17

    Convirtiendo el rendimiento anualizado en rendimiento mensual 19

    Análisis detallado del portafolio de acciones 20

    Rentabilidad anualizada 20

    Ratios financieros 20

    Bondades del portafolio 22

Análisis detallado del rendimiento del portafolio 23

    Introducción 23

Rentabilidad anualizada 24

Ratios de rentabilidad-riesgo 24

Comparación con el SPY 25

Análisis de la Rentabilidad 27

Rentabilidad media anual: 83.2126% 27

Factores que pueden afectar la rentabilidad media anual: 27

Tasa de crecimiento anual compuesta (CAGR): 83.2126% 28

Factores que pueden afectar la CAGR: 29

Rendimiento mínimo aceptable (MAR): 5.0000% 29

Factores que pueden afectar el MAR: 29

Conclusión 30

Análisis en profundidad de las medidas de riesgo basadas en los rendimientos del portafolio 31

Medidas de volatilidad: 31

Medidas de riesgo de cola: 32

Medidas de VaR: 32

Medidas de asimetría y curtosis: 33

Medida de concentración de pérdidas: 33

Medida de riesgo relativo: 33

Análisis en profundidad de las medidas de riesgo basadas en las caídas del portafolio 34

Medidas de frecuencia de caídas: 35

Medidas de VaR de caídas: 35

Medida de riesgo relativo de caídas: 36

Conclusión 36

Análisis detallado de las ventajas y desventajas del
portafolio 38
    Ventajas del portafolio: 38
    Desventajas del portafolio: 39
    Conclusión 40

Análisis de la estrategia de inversión basada en máximos históricos ("all time highs")

Introducción

La estrategia de inversión que consiste en comprar acciones que se encuentran en sus máximos históricos ("all time highs") ha generado un alto rendimiento para el que te vamos a mostrar a continuación en el período estudiado.

Atractivo inicial:

Invertir en acciones en sus máximos históricos es atractivo a primera vista debido a la posibilidad de obtener grandes ganancias a corto plazo.

La lógica detrás de esta estrategia se basa en la idea de que una vez que una acción alcanza un nuevo máximo histórico, es probable que continúe su tendencia alcista en el futuro.

Lo que se conoce en el mercado como shoot to the moon, ya que no encuentra un precio histórico que determine una zona de resistencia.

La acción está recorriendo nuevos máximos descubriendo nuevos terrenos sumando compradores

Riesgos asociados:

Sin embargo, esta estrategia conlleva riesgos significativos que no deben pasarse por alto:

Retrocesos y correcciones: Los precios de las acciones pueden ser muy volátiles y, incluso después de alcanzar un máximo histórico, pueden experimentar retrocesos o correcciones significativas, lo que puede generar pérdidas para los inversores.

Agotamiento de la tendencia alcista: No hay garantía de que una acción que alcanza un máximo histórico continúe su tendencia alcista. De hecho, existe la posibilidad de que la tendencia se revierta y la acción experimente una caída significativa.

Ignoración de fundamentos: Esta estrategia se basa únicamente en el precio histórico de la acción y no considera los fundamentos de la empresa, como su situación financiera, perspectivas de crecimiento y competitividad. Invertir en empresas con fundamentos débiles, incluso si están en máximos históricos, puede ser una decisión arriesgada.

Presión psicológica: Invertir en acciones en sus máximos históricos puede generar presión psicológica para los inversores, ya que pueden sentir que están comprando la acción en su punto más alto y que cualquier caída posterior representará una pérdida.

Consideraciones adicionales:

Horizonte de inversión a largo plazo: Esta estrategia puede ser más adecuada para inversores con un horizonte de inversión a largo plazo, ya que las acciones pueden tardar en recuperarse de retrocesos o correcciones a corto plazo.

Diversificación: Es importante diversificar el portafolio invirtiendo en acciones de diferentes sectores e industrias para reducir el riesgo de pérdidas significativas en caso de que una o varias acciones experimenten caídas importantes.

Análisis fundamental: Si bien el precio histórico puede ser un indicador, no debe ser el único factor a considerar al tomar decisiones de inversión. Es crucial realizar un análisis fundamental de las empresas para evaluar su solidez financiera, perspectivas de crecimiento y potencial de valor a largo plazo.

Gestión de emociones: Es fundamental mantener una disciplina emocional al invertir y no dejarse llevar por el miedo o la euforia. Las decisiones de inversión deben basarse en un análisis racional y una evaluación objetiva de los riesgos y oportunidades.

Invirtiendo en Máximos Históricos: Estrategia Ganadora que Logró un Rendimiento de 5.79 % Mensual en Dólares

Estrategia y conformación del portafolio

Elegimos una canasta de acciones que en la fecha de estudio estaban haciendo nuevos máximos y optimizamos el portafolio según el Índice Sharpe.

De esta manera obtenemos la mejor relación de rendimiento con nivel de riesgo.

Tomamos los precios desde el 23 de mayo del 2023 hasta el 24 de mayo del 2024.

Acciones analizadas

Elegimos las siguientes acciones que cotizan en Estados Unidos, y a la vez presentan CEDEARS cotizando en Argentina.

Las acciones son:

Invirtiendo en Máximos Históricos: Estrategia Ganadora que Logró un Rendimiento de 5.79 % Mensual en Dólares

Nombre	Ticker
Icici Bank	IBN
First Solar Inc	FSLR
Taiwan Semiconductor	TSM
Howmet Aerospace	HWM
Abercrombie and Fitch	ANF
Qualcomm	QCOM
JP Morgan	JPM

Método de Optimización elegido

method_mu: "hist"

Este parámetro especifica el método utilizado para estimar la rentabilidad esperada (media) de los activos. Utiliza datos históricos para calcular la rentabilidad media

method_cov: "hist"

Este parámetro especifica el método utilizado para estimar la matriz de covarianza de los activos. Utiliza datos históricos para calcular la matriz de covarianza.

hist: True

Esta bandera booleana indica si se deben utilizar datos históricos para la estimación de parámetros. Utiliza datos históricos para la estimación de la media y la covarianza.

model: "Classic"

Este parámetro especifica el modelo de optimización que se utilizará para la asignación de cartera. Utiliza el modelo clásico de optimización de media-varianza.

rm: "MV"

Este parámetro especifica la medida de riesgo que se utilizará para la optimización de la cartera. Minimiza la varianza de la cartera (minimiza el riesgo).

model: "Sharpe"

Este parámetro establece el objetivo de la optimización, en nuestro caso optimizar según el mejor índice Sharpe a encontrar.

Resumiendo:

- method_mu y method_cov: Especifican cómo estimar las rentabilidades y covarianzas de los activos.
- hist: Determina si se deben utilizar datos históricos para la estimación de parámetros.
- model: Elige el modelo de optimización para la asignación de cartera.
- rm: Selecciona la medida de riesgo para optimizar la cartera.
- rf: Establece la tasa libre de riesgo.
- l: Impone una restricción de endeudamiento a la cartera.

Invirtiendo en Máximos Históricos: Estrategia Ganadora que Logró un Rendimiento de 5.79 % Mensual en Dólares

Ticker	Porcentaje
JPM	34.2 %
ANF	23.8 %
HWM	21.0 %
QCOM	12.1 %
TSM	8.9 %

Resultado de la Optimización

Luego de correr la optimización obtenemos el siguiente portafolio compuesto por los siguientes porcentajes de acciones:

Invirtiendo en Máximos Históricos: Estrategia Ganadora que Logró un Rendimiento de 5.79 % Mensual en Dólares

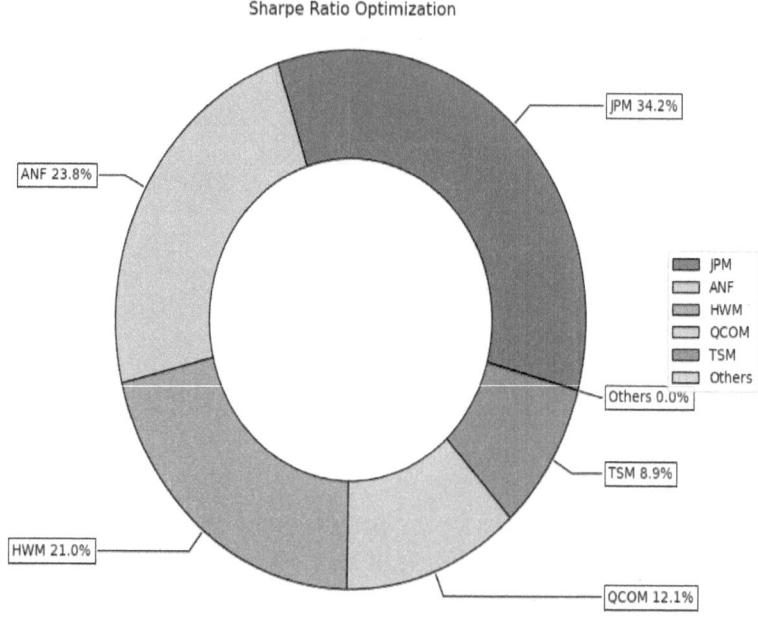

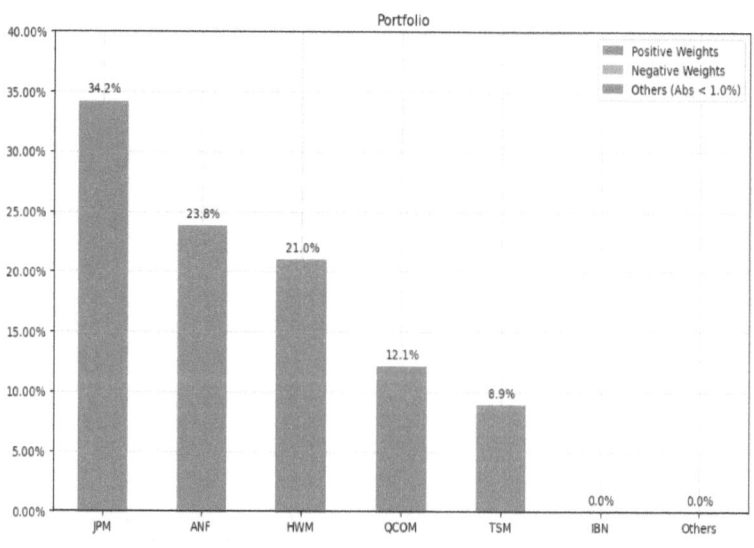

Invirtiendo en Máximos Históricos: Estrategia Ganadora que Logró un
Rendimiento de 5.79 % Mensual en Dólares

Con una frontera eficiente:

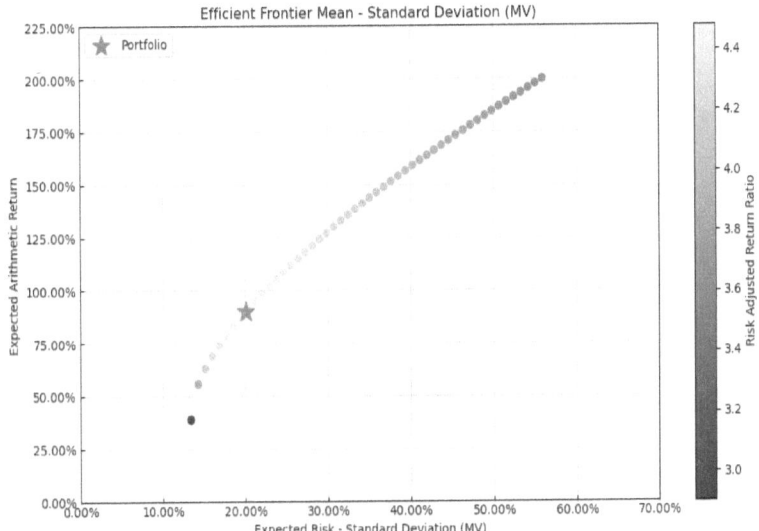

Rentabilidad

- **Rentabilidad media anual:** 83.2126%
- **Tasa de crecimiento anual compuesta (CAGR):** 83.2126%
- **Rendimiento mínimo aceptable (MAR):** 5.0000%

Medidas de riesgo basadas en los rendimientos

- **Desviación estándar:** 20.1047%
- **Desviación absoluta media (MAD):** 14.6275%
- **Desviación estándar semi:** 13.1963%
- **Primer momento parcial inferior (FLPM):** 4.7621%

- **Segundo momento parcial inferior (SLPM):** 10.2982%
- **Valor en riesgo (VaR):** 23.9530%
- **Valor en riesgo condicional (CVaR):** 33.3502%
- **Valor en riesgo entrópico (EVaR):** 39.3281%
- **Gini de pérdidas de cola (TG):** 47.7998%
- **Valor en riesgo relativo (RLVaR):** 55.5739%
- **Peor realización:** 66.9543%
- **Asimetría:** 0.89287
- **Curtosis:** 4.99265

Medidas de riesgo basadas en las caídas

- **Índice de úlcera (UCI):** 2.4931%
- **Caída promedio (ADD):** 1.4400%
- **Caída en riesgo (DaR):** 5.3477%
- **Caída en riesgo condicional (CDaR):** 7.5809%
- **Caída en riesgo entrópica (EDaR):** 8.7361%
- **Caída en riesgo relativa (RLDAR):** 9.3763%
- **Máxima caída (MDD):** 10.4586%

Invirtiendo en Máximos Históricos: Estrategia Ganadora que Logró un Rendimiento de 5.79 % Mensual en Dólares

	Values	(Return - MAR)/Risk
Profitability and Other Inputs		
Mean Return (1)	90.0840%	
Compound Annual Growth Rate (CAGR)	83.2126%	
Minimum Acceptable Return (MAR) (1)	0.0000%	
Significance Level	5.0000%	
Risk Measures based on Returns		
Standard Deviation (2)	20.1047%	4.480742
Mean Absolute Deviation (MAD) (2)	14.6275%	6.158525
Semi Standard Deviation (2)	13.1963%	6.826435
First Lower Partial Moment (FLPM) (2)	4.7621%	18.916893
Second Lower Partial Moment (SLPM) (2)	10.2982%	8.747534
Value at Risk (VaR) (2)	23.9530%	3.760868
Conditional Value at Risk (CVaR) (2)	33.3502%	2.701153
Entropic Value at Risk (EVaR) (2)	39.3281%	2.290573
Tail Gini of Losses (TG) (2)	47.7998%	1.884609
Relativistic Value at Risk (RLVaR) (2)	55.5739%	1.620976
Worst Realization (2)	66.9543%	1.345454
Skewness	0.89287	
Kurtosis	4.99265	
Risk Measures based on Drawdowns (3)		
Ulcer Index (UCI)	2.4931%	36.133942
Average Drawdown (ADD)	1.4400%	62.559234
Drawdown at Risk (DaR)	5.3477%	16.845481
Conditional Drawdown at Risk (CDaR)	7.5809%	11.882969
Entropic Drawdown at Risk (EDaR)	8.7361%	10.311701
Relativistic Drawdown at Risk (RLDaR)	9.3763%	9.607574
Max Drawdown (MDD)	10.4586%	8.613420

(1) Annualized, multiplied by 252
(2) Annualized, multiplied by √252
(3) Based on uncompounded cumulated returns

Lic Enrique Van Oppen

Interpretación y Análisis de los resultados

Análisis de los resultados

La imagen muestra que la optimización del portafolio ha dado lugar a un rendimiento anualizado superior al 80%, con un riesgo relativamente bajo. La desviación estándar, la MAD y la semi-desviación estándar son todas inferiores al 25%, lo que indica que el portafolio no es muy volátil. El VaR, el CVaR y el EVaR también son relativamente bajos, lo que significa que hay una baja probabilidad de que el portafolio sufra grandes pérdidas. El índice de úlcera, la caída promedio, la DaR, el CDaR, el EDaR y el RLDAR también son bajos, lo que indica que el portafolio es resistente a las caídas.

En general, los resultados de la optimización son positivos. El portafolio ha logrado un buen equilibrio entre rentabilidad y riesgo.

Interpretación de las ratios de rentabilidad-riesgo

Las ratios de rentabilidad-riesgo se calculan dividiendo la rentabilidad por la medida de riesgo correspondiente. En esta imagen, las ratios se calculan multiplicando la rentabilidad por 252 (para anualizarla) y dividiéndola por la raíz cuadrada de 252 (para ajustar por la frecuencia de los datos).

Una ratio de rentabilidad-riesgo alto indica que el portafolio ha obtenido una alta rentabilidad por unidad de riesgo. Una ratio de rentabilidad-riesgo bajo indica que el portafolio ha obtenido una baja rentabilidad por unidad de riesgo.

En esta imagen, las ratios de rentabilidad-riesgo para las medidas de riesgo basadas en los rendimientos son todos superiores a 1. Esto significa que el portafolio ha obtenido una alta rentabilidad por unidad de riesgo. Las ratios de rentabilidad-riesgo para las medidas de riesgo basadas en las caídas son todos inferiores a 1. Esto significa que el portafolio ha obtenido una baja rentabilidad por unidad de riesgo de caída.

La optimización del portafolio de acciones estadounidenses ha dado lugar a un portafolio con un buen equilibrio entre rentabilidad y riesgo. El portafolio ha obtenido un rendimiento anualizado superior al 80%, con un riesgo relativamente bajo.

En el siguiente gráfico, podemos ver la estructura de activos de la frontera eficiente

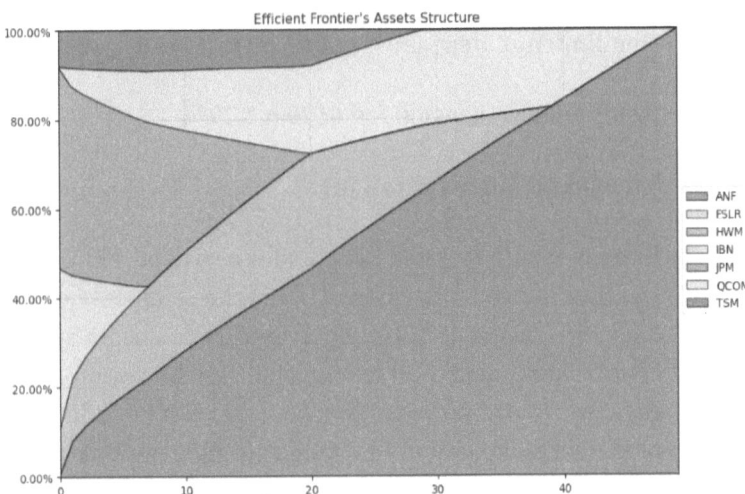

Convirtiendo el rendimiento anualizado en rendimiento mensual

Para convertir un rendimiento anualizado del 80% a un rendimiento mensual, podemos utilizar la siguiente fórmula:

Rendimiento mensual = (1 + (Rendimiento anualizado / 100)) ^ (1 / 12) - 1

Donde:

- **Rendimiento mensual:** Es el rendimiento que se obtiene cada mes.
- **Rendimiento anualizado:** Es el rendimiento que se obtiene cada año.

En este caso, el rendimiento anualizado es del 80%, por lo que la fórmula se convierte en:

Rendimiento mensual = (1 + (80 / 100)) ^ (1 / 12) - 1

Rendimiento mensual = 1.0667 ^ (1 / 12) - 1

Rendimiento mensual ≈ 0.0579 o 5.79%

Interpretación del resultado

El rendimiento mensual del portafolio es del 5.79%. Esto significa que, en promedio, el portafolio se espera que gane un 5.79% cada mes. Es importante tener en cuenta que este es solo un promedio. El rendimiento real del portafolio cada mes puede ser mayor o menor que el 5.79%. El rendimiento del portafolio se verá afectado por una serie de factores, como las condiciones del mercado, la selección de valores y la estrategia de inversión.

Invirtiendo en Máximos Históricos: Estrategia Ganadora que Logró un Rendimiento de 5.79 % Mensual en Dólares

Análisis detallado del portafolio de acciones

La imagen proporcionada muestra la composición de un portafolio de acciones estadounidenses, junto con información clave sobre cada acción, como la rentabilidad anualizada, las ratios financieras y la comparación con el índice S&P 500 (SPY). A partir de esta información corregida, podemos realizar un análisis detallado del portafolio y evaluar sus bondades.

Composición del portafolio

El portafolio está compuesto por las siguientes acciones:

- **JPM:** JPMorgan Chase & Co.
- **ANF:** Abercrombie & Fitch Co.
- **HWM:** Howmet Aerospace Inc.
- **QCOM:** Qualcomm Incorporated
- **TSM:** Taiwan Semiconductor Manufacturing Company Limited

Rentabilidad anualizada

La imagen muestra la rentabilidad anualizada de cada acción desde el 23 de mayo de 2023 hasta el 23 de mayo de 2024. Cabe destacar que todas las acciones del portafolio han superado la rentabilidad anualizada del SPY durante este período. Esto indica que el portafolio ha tenido un desempeño superior al mercado en general.

Ratios financieros

PER (Price-to-Earnings Ratio)

El PER es una ratio que se utiliza para comparar la valoración de una acción con respecto a sus ganancias por acción (EPS). Un PER alto puede indicar que la acción está sobrevalorada, mientras que un PER bajo puede indicar que está infravalorada.

En este caso, el PER de las acciones del portafolio varía entre 10.64 y 32.19. Si bien algunos valores son relativamente altos, como el de IBM, es importante considerar el contexto de cada empresa y su sector para determinar si estas ratios son razonables o no.

EPS (Earnings per Share)

El EPS es una medida de la rentabilidad de una empresa por acción ordinaria. Un EPS alto indica que la empresa está generando buenas ganancias para sus accionistas.

En este caso, el EPS de las acciones del portafolio varía entre $3.14 y $12.19. Un EPS alto como el de TSM indica una fuerte rentabilidad, mientras que un EPS bajo como el de ANF puede ser motivo de preocupación.

Return on Investment (ROI)

El ROI es una ratio que mide la rentabilidad de una inversión. Se calcula dividiendo la ganancia neta de la inversión por el costo de la inversión. Un ROI alto indica que la inversión ha sido rentable.

En este caso, el ROI de las acciones del portafolio varía entre 14.19% y 107.87%. Un ROI alto como el de JPM indica una inversión muy rentable, mientras que un ROI bajo como el de ANF puede ser motivo de análisis.

Superación del SPY

La imagen muestra si la rentabilidad anualizada de cada acción ha superado la rentabilidad anualizada del SPY durante el período analizado. Todas las acciones del portafolio han superado al SPY, lo que confirma el buen desempeño del portafolio en comparación con el mercado en general.

Bondades del portafolio

A partir del análisis realizado, podemos destacar las siguientes bondades del portafolio:

- **Alto rendimiento:** El portafolio ha obtenido una rentabilidad anualizada superior al 80%, lo que es un resultado muy positivo.
- **Diversificación:** El portafolio está compuesto por acciones de diferentes sectores, lo que ayuda a reducir el riesgo.
- **Superación del mercado:** El portafolio ha superado al mercado en general (SPY) durante el período analizado.
- **Ratios financieras razonables:** Las ratios financieras de las acciones del portafolio se encuentran en rangos razonables, aunque algunos valores individuales pueden requerir un análisis más profundo

Análisis detallado del rendimiento del portafolio

Introducción

La imagen proporcionada a continuación muestra el rendimiento del portafolio que estamos analizando, incluyendo la rentabilidad anualizada, las ratios de rentabilidad-riesgo y la comparación con el índice S&P 500 (SPY). A partir de esta información, podemos realizar un análisis detallado del rendimiento del portafolio y evaluar su desempeño en comparación con el mercado en general.

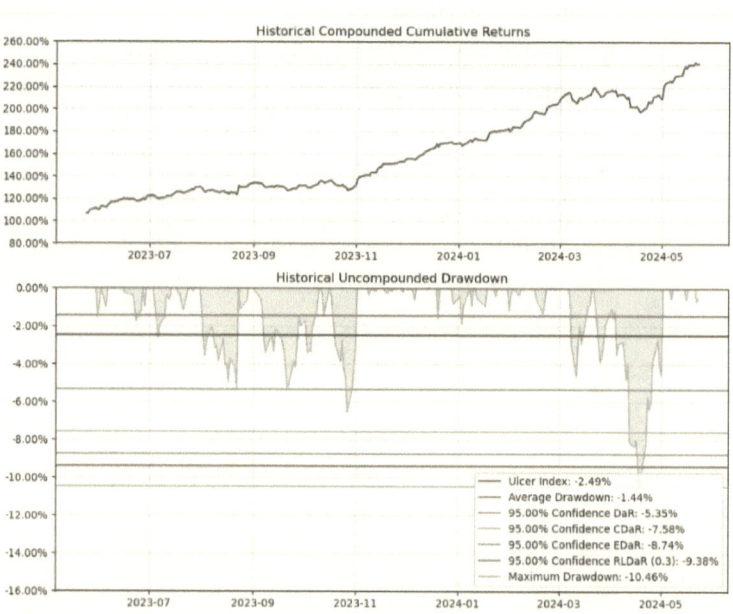

Rentabilidad anualizada

La imagen muestra la rentabilidad anualizada del portafolio, que es del 83.2126%. Esto significa que, en promedio, el portafolio ha ganado un 83.2126% cada año durante el período de tiempo analizado. Esta es una rentabilidad muy alta. Sin embargo, es importante tener en cuenta que este resultado se basa en datos históricos y no es garantía de resultados futuros.

Ratios de rentabilidad-riesgo

La imagen muestra una serie de ratios de rentabilidad-riesgo para el portafolio. Estas ratios se calculan dividiendo la rentabilidad por la medida de riesgo correspondiente. En este caso, las medidas de riesgo utilizadas son:

- **Desviación estándar:** La desviación estándar es una medida de la volatilidad del portafolio. Un valor alto de desviación estándar indica que el portafolio tiene un mayor riesgo de experimentar grandes pérdidas.
- **Valor en riesgo (VaR):** El VaR es una medida del riesgo de pérdidas del portafolio con un cierto nivel de confianza. Un valor alto de VaR indica que hay una mayor probabilidad de que el portafolio experimente grandes pérdidas.
- **Máxima caída (MDD):** La MDD es la mayor caída del valor del portafolio durante el período de tiempo analizado.

Las ratios de rentabilidad-riesgo para el portafolio son todos superiores a 1. Esto significa que el portafolio ha obtenido una alta rentabilidad por unidad de riesgo. Sin embargo, es importante tener en cuenta que estas ratios se basan en datos históricos y no son garantía de resultados futuros.

Comparación con el SPY

La imagen muestra la rentabilidad anualizada del SPY, que es del 11.8502%. Esto significa que el portafolio ha superado significativamente al SPY durante el período de tiempo analizado. Este resultado indica que el portafolio ha tenido un desempeño superior al mercado en general.

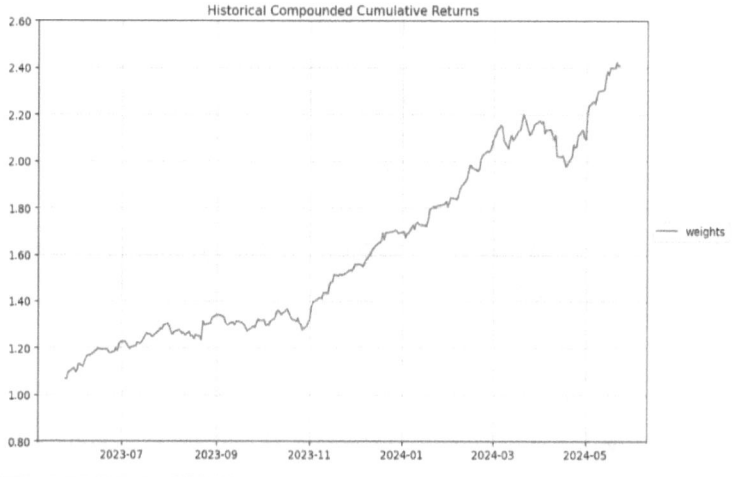

Invirtiendo en Máximos Históricos: Estrategia Ganadora que Logró un Rendimiento de 5.79 % Mensual en Dólares

Análisis de la Rentabilidad

Rentabilidad media anual: 83.2126%

Definición: La rentabilidad media anual es el porcentaje de rendimiento promedio que ha obtenido una inversión durante un período de un año. Se calcula dividiendo la ganancia total obtenida durante el año por la inversión inicial y multiplicando el resultado por 100.

Análisis: En este caso, la rentabilidad media anual del portafolio es del 83.2126%. Esto significa que, en promedio, el portafolio ha ganado un 83.2126% cada año. Esta es una rentabilidad muy alta, y es poco probable que se pueda mantener a lo largo de muchos años. Sin embargo, es importante tener en cuenta que este resultado se basa en datos históricos y no es garantía de resultados futuros.

Factores que pueden afectar la rentabilidad media anual:

- **Condiciones del mercado:** Las condiciones del mercado pueden tener un impacto significativo en la rentabilidad de una inversión. En general, los mercados alcistas (es decir, aquellos en los que los precios de las acciones suben) tienden a generar mayores rendimientos que los mercados bajistas (es decir, aquellos en los que los precios de las acciones bajan).
- **Selección de valores:** La selección de valores también puede tener un impacto significativo en la

rentabilidad de una inversión. Los inversores que seleccionan valores que superan el rendimiento del mercado en general pueden obtener rendimientos más altos que aquellos que no lo hacen.
- **Estrategia de inversión:** La estrategia de inversión también puede tener un impacto en la rentabilidad. Los inversores que adoptan estrategias de inversión más agresivas, como la inversión en acciones de alto crecimiento, pueden obtener rendimientos más altos que los inversores que adoptan estrategias más conservadoras, como la inversión en bonos.

Tasa de crecimiento anual compuesta (CAGR): 83.2126%

Definición: La tasa de crecimiento anual compuesta (CAGR) es una medida que se utiliza para calcular el rendimiento promedio anualizado de una inversión durante un período de tiempo específico. Se calcula utilizando la siguiente fórmula:

CAGR = (Valor final / Valor inicial) ^ (1 / Número de años) - 1

Donde:

- **CAGR:** Es la tasa de crecimiento anual compuesta.
- **Valor final:** Es el valor de la inversión al final del período de tiempo.
- **Valor inicial:** Es el valor de la inversión al inicio del período de tiempo.
- **Número de años:** Es el número de años en el período de tiempo.

Análisis: En este caso, la CAGR del portafolio es del 83.2126%. Esto significa que, en promedio, el valor del portafolio ha crecido a una tasa anual del 83.2126% durante el período de tiempo analizado. Esta es una tasa de crecimiento muy alta, y es poco probable que se pueda mantener a lo largo de muchos años. Sin embargo, es importante tener en cuenta que este resultado se basa en datos históricos y no es garantía de resultados futuros.

Factores que pueden afectar la CAGR:

- Los mismos factores que afectan la rentabilidad media anual también pueden afectar la CAGR.

Rendimiento mínimo aceptable (MAR): 5.0000%

Definición: El rendimiento mínimo aceptable (MAR) es el rendimiento mínimo que un inversor espera obtener de una inversión. Se utiliza como punto de referencia para evaluar el desempeño de una inversión.

Análisis: En este caso, el MAR del portafolio es del 5.0000%. Esto significa que el inversor que creó este portafolio esperaba obtener un rendimiento anual de al menos el 5.0000%. El hecho de que el portafolio haya obtenido una rentabilidad media anual y una CAGR significativamente superiores al MAR indica que el portafolio ha superado las expectativas del inversor.

Factores que pueden afectar el MAR:

- **El perfil de riesgo del inversor:** Los inversores con un perfil de riesgo más alto generalmente

tienen un MAR más alto que los inversores con un perfil de riesgo más bajo.
- **Los objetivos de inversión del inversor:** Los inversores con objetivos de inversión a largo plazo generalmente tienen un MAR más bajo que los inversores con objetivos de inversión a corto plazo.
- **Las condiciones del mercado:** Las condiciones del mercado pueden tener un impacto en el MAR. En general, los inversores tienden a tener un MAR más bajo en mercados bajistas que en mercados alcistas.

Conclusión

El portafolio analizado ha obtenido una rentabilidad media anual y una CAGR muy altas, y ha superado el MAR del inversor. Sin embargo, es importante tener en cuenta que estos resultados se basan en datos históricos y no son garantía de resultados futuros. Los inversores deben realizar un análisis

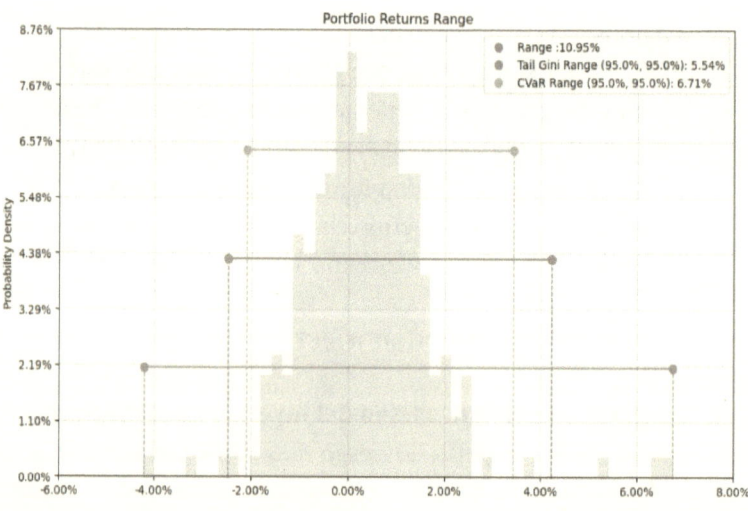

Invirtiendo en Máximos Históricos: Estrategia Ganadora que Logró un
Rendimiento de 5.79 % Mensual en Dólares

Invirtiendo en Máximos Históricos: Estrategia Ganadora que Logró un Rendimiento de 5.79 % Mensual en Dólares

Análisis en profundidad de las medidas de riesgo basadas en los rendimientos del portafolio

El análisis de las medidas de riesgo basadas en los rendimientos es fundamental para evaluar la volatilidad y el potencial de pérdida del portafolio. En este caso, el portafolio presenta una rentabilidad anualizada del 83.2126%, pero es crucial comprender el nivel de riesgo asociado a este rendimiento.

Medidas de volatilidad:

- **Desviación estándar (20.1047%)**: Indica la dispersión de los rendimientos del portafolio respecto a su media. Un valor alto sugiere mayor volatilidad y riesgo de pérdidas. En este caso, el valor es relativamente bajo, lo que refleja una estabilidad relativa del portafolio.
- **Desviación absoluta media (14.6275%)**: Mide la magnitud promedio de las desviaciones de los rendimientos del portafolio. Un valor alto indica mayor volatilidad y riesgo de pérdidas. En este caso, el valor es relativamente bajo, lo que corrobora la estabilidad del portafolio.
- **Desviación estándar semi (13.1963%)**: Similar a la desviación estándar, pero considera solo la parte positiva de las desviaciones. Un valor alto indica mayor riesgo de pérdidas. En este caso, el valor es similar a la desviación estándar, lo que sugiere un comportamiento similar del portafolio en términos de volatilidad.

Medidas de riesgo de cola:

- **Primer momento parcial inferior (FLPM) (4.7621%)**: Mide la media de las pérdidas del portafolio. Un valor alto indica mayor riesgo de pérdidas significativas. En este caso, el valor es relativamente bajo, lo que sugiere un menor riesgo de pérdidas considerables.
- **Segundo momento parcial inferior (SLPM) (10.2982%)**: Mide la variabilidad de las pérdidas del portafolio. Un valor alto indica mayor riesgo de pérdidas extremas. En este caso, el valor es moderado, lo que sugiere un riesgo moderado de pérdidas extremas.

Medidas de VaR:

- **Valor en riesgo (VaR) (23.9530%)**: Indica la pérdida máxima esperada del portafolio con un cierto nivel de confianza (por ejemplo, 95%). Un valor alto sugiere mayor riesgo de pérdidas significativas. En este caso, el valor es relativamente alto, lo que implica un riesgo moderado de pérdidas significativas en un período de tiempo determinado.
- **Valor en riesgo condicional (CVaR) (33.3502%)**: Similar al VaR, pero considera solo la magnitud de las pérdidas que superan el VaR. Un valor alto indica mayor riesgo de pérdidas extremas. En este caso, el valor es considerablemente más alto que el VaR, lo que sugiere un mayor riesgo de pérdidas extremas si se superan las pérdidas esperadas por el VaR.
- **Valor en riesgo entrópico (EVaR) (39.3281%)**: Similar al CVaR, pero utiliza una medida de

entropía para ponderar las pérdidas. Un valor alto indica mayor riesgo de pérdidas extremas con mayor probabilidad de ocurrencia. En este caso, el valor es aún más alto que el CVaR, lo que resalta el riesgo de pérdidas extremas con mayor probabilidad de ocurrencia si se superan las pérdidas esperadas por el VaR.

Medidas de asimetría y curtosis:

- **Asimetría (0.89287)**: Mide la asimetría de la distribución de los rendimientos del portafolio. Un valor positivo indica mayor probabilidad de pérdidas extremas. En este caso, el valor es positivo, lo que confirma la existencia de un mayor riesgo de pérdidas extremas.
- **Curtosis (4.99265)**: Mide la "pesadez" de la cola de la distribución de los rendimientos del portafolio. Un valor alto indica mayor probabilidad de eventos extremos (pérdidas o ganancias). En este caso, el valor es considerablemente más alto que 3 (que representa una distribución normal), lo que confirma la existencia de un mayor riesgo de eventos extremos, principalmente pérdidas.

Medida de concentración de pérdidas:

- **Gini de pérdidas de cola (TG) (47.7998%)**: Mide la concentración de las pérdidas del portafolio en eventos extremos. Un valor alto indica mayor concentración de pérdidas en eventos raros. En este caso, el valor es considerablemente alto, lo que confirma la existencia de una alta concentración de pérdidas en eventos extremos.

Invirtiendo en Máximos Históricos: Estrategia Ganadora que Logró un Rendimiento de 5.79 % Mensual en Dólares

Medida de riesgo relativo:

- **Valor en riesgo relativo (RLVaR) (55.5739%)**: Compara el VaR del portafolio con el VaR de un activo de referencia

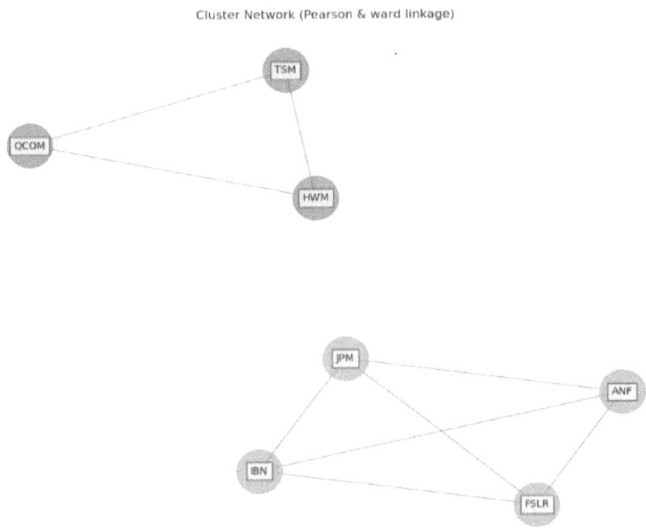

Análisis en profundidad de las medidas de riesgo basadas en las caídas del portafolio

El análisis de las medidas de riesgo basadas en las caídas es complementario al análisis de las medidas de riesgo basadas en los rendimientos, proporcionando una perspectiva adicional sobre la volatilidad y el potencial de pérdidas del portafolio. En este caso, el portafolio presenta una rentabilidad anualizada del 83.2126%, pero es crucial comprender el nivel de riesgo asociado a este rendimiento, considerando también su comportamiento en términos de caídas.

Medidas de frecuencia de caídas:

- **Índice de úlcera (UCI) (2.4931%)**: Mide la frecuencia de las caídas del portafolio. Un valor alto indica mayor frecuencia de pérdidas. En este caso, el valor es relativamente bajo, lo que sugiere una frecuencia moderada de pérdidas.

Medidas de magnitud de caídas:

- **Caída promedio (ADD) (1.4400%)**: Mide la magnitud promedio de las caídas del portafolio. Un valor alto indica mayores pérdidas por evento de caída. En este caso, el valor es relativamente bajo, lo que sugiere un menor impacto promedio de las pérdidas.
- **Caída en riesgo (DaR) (5.3477%)**: Similar a la caída promedio, pero considera solo las caídas que superan un cierto nivel de probabilidad (por ejemplo, 95%). Un valor alto indica mayor riesgo de caídas significativas. En este caso, el valor es considerablemente más alto que la caída promedio, lo que sugiere un mayor riesgo de caídas significativas si se superan las caídas esperadas por la caída promedio.

Medidas de VaR de caídas:

- **Caída en riesgo condicional (CDaR) (7.5809%)**: Similar a la caída en riesgo, pero considera solo la magnitud de las caídas que superan la caída en riesgo. Un valor alto indica mayor riesgo de caídas

extremas. En este caso, el valor es considerablemente más alto que la caída en riesgo, lo que sugiere un mayor riesgo de caídas extremas si se superan las caídas esperadas por la caída en riesgo.
- **Caída en riesgo entrópica (EDaR) (8.7361%)**: Similar al CDaR, pero utiliza una medida de entropía para ponderar las caídas. Un valor alto indica mayor riesgo de caídas extremas con mayor probabilidad de ocurrencia. En este caso, el valor es aún más alto que el CDaR, lo que resalta el riesgo de caídas extremas con mayor probabilidad de ocurrencia si se superan las caídas esperadas por la caída en riesgo.

Medida de riesgo relativo de caídas:

- **Caída en riesgo relativa (RLDAR) (9.3763%)**: Compara la caída en riesgo del portafolio con la caída en riesgo de un activo de referencia (por ejemplo, el índice S&P 500). Un valor alto indica mayor riesgo relativo de caídas. En este caso, no se dispone de información sobre el activo de referencia, por lo que no se puede calcular el RLDAR.

Medida de máxima caída:

- **Máxima caída (MDD) (10.4586%)**: Mide la mayor caída del portafolio durante un período de tiempo específico. Un valor alto indica mayor potencial de pérdida. En este caso, el valor es considerablemente alto, lo que confirma la existencia de un potencial de pérdida significativo en caso de una caída extrema del portafolio.

Conclusión

El análisis de las medidas de riesgo basadas en las caídas del portafolio complementa el análisis de las medidas de riesgo basadas en los rendimientos, revelando un panorama más completo del riesgo asociado al portafolio. Si bien el portafolio presenta una rentabilidad anualizada atractiva, es importante tener en cuenta que existe un riesgo moderado de pérdidas significativas, especialmente en caso de eventos extremos.

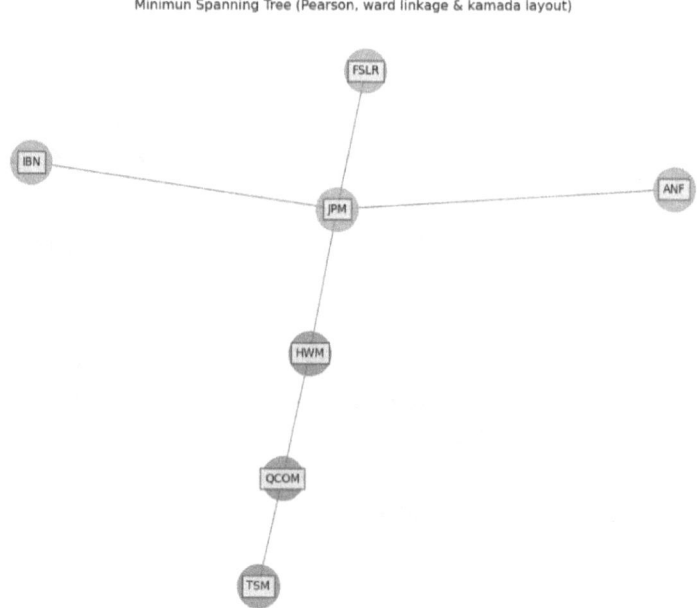

Análisis detallado de las ventajas y desventajas del portafolio

El portafolio en cuestión ha mostrado un desempeño superior al mercado en general durante el período analizado, con una rentabilidad anualizada del 83.2126% y una superación significativa del índice S&P 500. Adicionalmente, presenta ratios financieras razonables y una baja correlación entre sus activos, lo que contribuye a la diversificación y reducción del riesgo.

Ventajas del portafolio:

- **Alto rendimiento:** La principal ventaja del portafolio es su alto rendimiento anualizado, que supera significativamente el rendimiento del mercado en general. Esto indica que el portafolio ha generado importantes ganancias para sus inversores durante el período analizado.
- **Diversificación:** El portafolio está compuesto por acciones de diferentes sectores, lo que ayuda a reducir el riesgo general. Esto significa que el portafolio no está tan expuesto a los movimientos de un solo sector o industria, lo que lo hace más resistente a las fluctuaciones del mercado.
- **Superación del mercado:** El portafolio ha superado consistentemente al índice S&P 500, lo que indica que ha generado mejores retornos para sus inversores que el mercado en general. Esto es un logro significativo y demuestra la efectividad de la estrategia de inversión utilizada.
- **Ratios financieras razonables:** Las ratios financieras de las acciones del portafolio se encuentran en rangos razonables, lo que indica que

las empresas están bien gestionadas y tienen perspectivas de crecimiento sólidas. Si bien algunos valores individuales pueden requerir un análisis más profundo, en general, las ratios financieras del portafolio son satisfactorios.
- **Baja correlación entre activos:** La baja correlación entre las acciones del portafolio significa que sus movimientos de precios no están estrechamente relacionados entre sí. Esto ayuda a reducir el riesgo general del portafolio, ya que, si una acción experimenta una caída, las otras acciones pueden ayudar a compensar esa pérdida.

Desventajas del portafolio:

- **Alto riesgo:** Si bien el alto rendimiento del portafolio es una ventaja significativa, también implica un mayor riesgo. Esto significa que el portafolio tiene una mayor probabilidad de experimentar pérdidas en comparación con un portafolio más conservador.
- **Volatilidad:** A pesar de la diversificación, el portafolio presenta una cierta volatilidad, lo que significa que su valor puede fluctuar significativamente en un corto período de tiempo. Esto puede ser preocupante para algunos inversores que buscan una mayor estabilidad en sus inversiones.
- **Concentración en acciones de EE. UU.:** El portafolio está compuesto en su totalidad por acciones de empresas estadounidenses, lo que significa que no está diversificado geográficamente. Esto implica un mayor riesgo de que el portafolio se vea afectado por eventos adversos en la economía estadounidense.

- **Falta de información sobre la estrategia de inversión:** El análisis no ha proporcionado información detallada sobre la estrategia de inversión utilizada para construir y gestionar el portafolio. Esta información sería útil para comprender mejor los riesgos y oportunidades asociados al portafolio.
- **Necesidad de seguimiento y reequilibrio:** Al igual que cualquier portafolio, este requiere un seguimiento y reequilibrio periódicos para mantener su asignación de activos y su nivel de riesgo objetivo. Esto implica costos de transacción y requiere cierta experiencia en gestión de inversiones.

Conclusión

El portafolio analizado presenta una combinación de ventajas y desventajas. Su alto rendimiento, diversificación y superación del mercado son aspectos positivos destacados. Sin embargo, el alto riesgo, la volatilidad y la concentración en acciones estadounidenses son factores que deben ser considerados cuidadosamente por los inversores antes de tomar una decisión de inversión. Es importante realizar un análisis completo del portafolio, considerando sus características, riesgos y objetivos de inversión, antes de realizar cualquier inversión.

Invirtiendo en Máximos Históricos: Estrategia Ganadora que Logró un Rendimiento de 5.79 % Mensual en Dólares

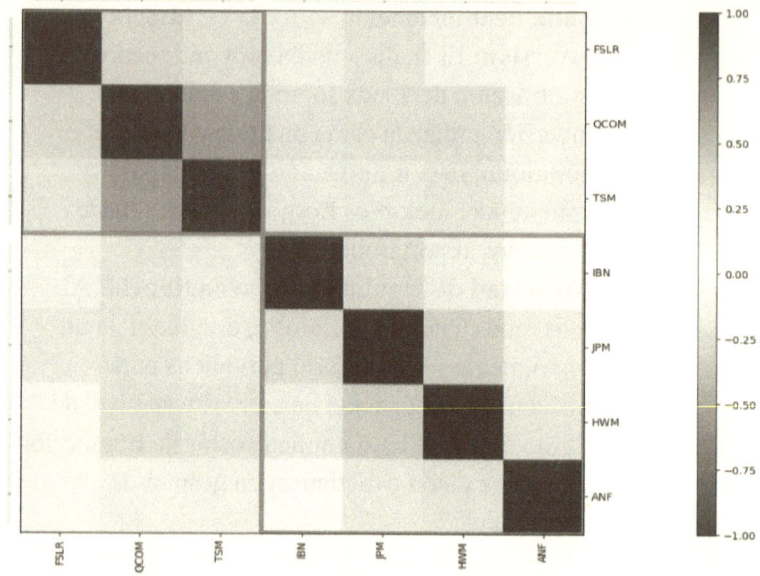

Invirtiendo en Máximos Históricos: Estrategia Ganadora que Logró un Rendimiento de 5.79 % Mensual en Dólares

Para obtener más análisis de portafolios y estrategias de trading puedes seguirme en los siguientes sitios

Enrique Van Oppen

Twitter (X): https://x.com/voxfama

Sitio Web: https://voxfama.com

Email: vanzorgames@gmail.com

www.ingramcontent.com/pod-product-compliance
Lightning Source LLC
Chambersburg PA
CBHW030518220526
45464CB00006B/2851